NOTICE NÉCROLOGIQUE

SUR

CAMILLE CHARLES DE MONTALIVET,

CAPITAINE D'ÉTAT-MAJOR DE LA GARDE NATIONALE DE PARIS, MEMBRE DU COMITÉ POUR LE PLACEMENT EN APPRENTISSAGE DES JEUNES ORPHELINS DE LA SOCIÉTÉ DE LA MORALE CHRÉTIENNE, NÉ A PARIS LE 10 NOVEMBRE 1810, MORT A NAPLES LE 22 NOVEMBRE 1832,

PAR M. GUSTAVE DE GÉRANDO,

Lue dans la séance générale de la Société de la Morale Chrétienne, le 18 avril 1833.

> « Ayant peu vécu, il a rempli la course d'une longue vie, car son âme était agréable à Dieu, qui s'est hâté de le retirer de ce monde. »
>
> (*Sagesse*, ch. 4, v. 13 et 14.)

Messieurs,

En essayant de vous dire quelques mots aujourd'hui sur un bon et aimable jeune homme, mort à l'âge de vingt-deux ans, déjà riche en mérites et en bonnes actions, je réponds au vœu que m'avait exprimé votre comité pour le placement en apprentissage des jeunes orphelins, en me confiant la mission de vous entretenir de la perte si douloureuse que nous venions d'éprouver dans la personne de notre confrère Charles de Montalivet.

J'ai obtenu sur ses derniers jours de précieux renseignemens que pouvait seul me donner un de ses amis qui lui a fermé les yeux sur une terre étrangère; ils compléteront ceux qui m'avaient été déjà transmis par un des anciens présidens de notre comité, dont le souvenir, aussi, est toujours vivant au milieu de nous, par le digne et malheureux frère de celui que nous pleurons. J'espère donc, Messieurs, que vous trouverez un dédommagement de n'avoir pas un meilleur interprète de nos communs regrets, dans la pensée que mes paroles ne seront que l'expression de la plus exacte vérité.

Camille Charles de Montalivet était né à Paris, le 10 novembre 1810, au Ministère de l'Intérieur, dont le portefeuille avait été confié à son père une année auparavant. Le mien était alors secrétaire-général du même Ministère; et je fus, à l'âge de sept ans, témoin des joies de famille que causa cette naissance, dont j'ai conservé un souvenir qui se rattache à celui de la naissance de mon frère. Qui aurait prévu que je serais un jour et si tôt appelé à déposer un dernier hommage sur la tombe de celui que j'avais vu entrer dans la vie sous de si brillans auspices?

A sept ans, Charles de Montalivet vit mourir un de ses frères qui avait sept ans de plus que lui; à douze ans, il assista aux derniers momens de son père; une année après, il conduisit jusqu'à sa dernière demeure son frère aîné, mort, comme lui, sur une terre étrangère, au moment où il réalisait déjà les plus belles espérances. Initié de si bonne heure aux plus cruelles épreuves de la vie, son âme y puisa tout à la fois une grande énergie et des dispositions mélancoliques et tendres. Je ne saurais mieux faire ici que de laisser parler son frère, seul héritier désormais du nom de Montalivet :

« Charles fut élevé près de ma mère, au milieu de
» tant de douleurs profondément senties.... jamais
» éducation ne fut soignée avec une sollicitude plus
» instante et plus éclairée. Ma mère qui avait com-
» pris qu'un nouveau rôle lui était assigné par la
» mort de mon père, sut à la fois être mère et se
» montrer paternelle. J'ose le dire, cette éducation
» de Charles par sa mère, qu'il n'avait jamais quit-
» tée, fut un chef-d'œuvre....: comme mère, elle
» lui inspira cette délicatesse de sentiment et cette
» pureté de pensée qui sont presque un privilége
» pour les femmes; comme père, elle lui donna
» cette hardiesse de courage et en même tems ce
» calme de la raison qui font l'homme vraiment
» digne de ce nom. Tant de soins trouvaient leur
» récompense, non seulement dans le succès, mais
» aussi dans le retour d'une tendresse filiale qui mé-
» ritait par son ardeur le nom de passion. Chose re-
» marquable ! Charles n'a jamais caché à ma mère

» une seule action de sa vie : elle remplaçait près de
» lui les confidens de son âge; aussi, que de nobles
» inspirations, au lieu des inspirations téméraires
» ou folles qu'il aurait reçues ailleurs (1) ! »

Nous qui l'avons connu et apprécié, Messieurs,
nous pouvons attester qu'il n'y a rien d'exagéré dans
ce témoignage de l'amitié fraternelle. Nous nous
rappelons quelle aménité de mœurs et quelle chaleur
d'âme Charles a toujours manifestées au milieu de
nous, combien son caractère était en harmonie avec
la noble et douce expression de ses traits. Il suffisait
de le voir, pour éprouver un attrait sympathique
pour lui, tant il y avait de grâce dans sa physionomie ! Et cependant quelque chose de sérieux qui
semblait empreint sur son front, et une sorte de ré-
serve pleine de dignité, qui s'alliait en lui à ces dons
de la nature, le mettaient à l'abri des indiscrétions
de la familiarité. On s'apercevait sur-le-champ que
ce beau jeune homme était plus et mieux que cela,
que son esprit était élevé, son cœur plein de géné-
reuses résolutions. Je l'ai vu souvent dans le monde
où il était accueilli avec un si bienveillant intérêt ;
je l'ai vu chez lui malade et alité ; toujours j'ai été
frappé de la mansuétude et de la sérénité de son
caractère, de l'égalité de son humeur, de son énergie

---

(1) Lettre de M. le comte de Montalivet, Intendant-
Général de la liste civile.

morale. En le voyant apporter aux fêtes les plus brillantes du Palais royal et des Tuileries, comme dans nos réunions, cette mélancolie pleine de charme qui se peignait dans sa physionomie, on eût dit qu'il avait un secret pressentiment du peu de jours qu'il avait à vivre, et du compte qui lui en serait sitôt demandé.

Ce compte, il l'aura bien rendu devant la justice divine, car sa trop courte existence a été pleine de bonnes actions, et son frère l'a bien caractérisée par ce simple et touchant éloge : « il a fait peu, parce qu'il a peu vécu, mais en tout et toujours il a fait bien. » Il n'avait pas encore vingt ans, lorsqu'il désira s'associer à notre œuvre, et continuer aux jeunes orphelins adoptés par nous les soins bienfaisans que leur avait donnés son frère. Il fut admis dans notre comité le 17 mars 1830, et les procès-verbaux de nos séances attestent le concours actif qu'il nous apporta. Lorsque, le 2 août, nous résolûmes d'adopter quelques orphelins dont les pères auraient succombé dans les trois grandes journées, et d'ouvrir une souscription spéciale à cet effet, Charles embrassa ce projet avec ardeur; il fut un de ceux à qui nous donnâmes mission de recevoir les souscriptions, et il fit des démarches auprès du Gouvernement pour faire participer notre comité aux secours accordés pour les orphelins de Juillet. Nommé, dans notre séance du 16 août, patron du jeune Jayé, ce fut lui qui le plaça chez un ciseleur où cet apprenti répond si bien à toutes nos espérances. Dans le courant de décembre, nous lui confiâmes aussi, sur sa demande, le patronage de Léonard Henry, orphelin qui avait été arrêté sur la voie publique, en état de vagabondage, et que nous venions d'adopter sur la recommandation de M. le Procureur du Roi et du comité des prisons de votre société. Ce patronage imposait une tâche difficile, et notre confrère n'avait exprimé le vœu d'en être chargé que parce qu'il y voyait une nouvelle occasion de dévoûment. Ses efforts assidus pour corriger chez ce malheureux enfant les funestes effets de l'abandon dans lequel il avait été laissé, ne furent pas sans succès pendant les premiers mois de son apprentissage, et il ne tint pas à Charles que cet apprentissage eût une meilleure issue. Léonard Henry est enrôlé depuis un an dans la marine royale, et peut-être depuis son embarquement, a-t-il déjà touché aux rivages de Naples, sans se douter que c'est là que son jeune bienfaiteur a trouvé la mort, loin de ceux dont il devait, long-tems encore, embellir ou consoler l'existence.

Au mois de janvier 1831, après avoir pris une part active à la discussion et à la rédaction définitive de notre nouveau règlement, Charles avait été appelé à faire partie de la Commission qui devait s'occuper des moyens de donner un concert ou un bal au profit de notre institution. Membre moi-même de cette Commission, je puis mieux que personne rappeler combien il s'y rendit utile par son zèle et

par son bon goût; et ce fut lui qui nous ménagea un
bienveillant concours dont nous avons eu tant alors
à nous féliciter, celui de madame la comtesse de Montalivet sa belle-sœur, et de sa sœur madame la ba-
ronne de Tascher. Le Comité ne tarda pas à recon-
naître les nouveaux services qu'il lui avait rendus;
dans la séance du 21 mars, il fut nommé censeur,
témoignage d'estime que nous n'avions accordé jusqu'alors qu'aux plus anciens membres du comité.
C'est dans le courant du mois suivant, qu'il obtint
un congé qui nous priva de son assistance. Nous pouvons dire de lui : « il a passé parmi nous en faisant
le bien. »

Combien d'autres, aussi, en d'autres circonstances
et en d'autres lieux, ont pu lui appliquer ces paroles
évangéliques ! car sa bienfaisance se répandait partout où elle trouvait à s'exercer, et toujours avec
ce discernement, ce mystère, et cette simplicité qui
caractérisent la vraie charité. « A l'époque où l'épi-
démie du Cholera exerçait dans Paris de si terribles
ravages, sa générosité se changea en une noble profu-
sion qui allait chercher les malheureux dans les quar-
tiers les plus malsains. Il se cachait, il est vrai, mais
plus d'une fois il fut trahi par le cri de la reconnaissance (1). » C'est dans le Berry, surtout, sur les bords
de la Loire, où souvent se réunissait, dans le château

---

(1) Lettre de M. le comte de Montalivet.

de Lagrange, sa famille si nombreuse naguères, aujourd'hui si décimée, qu'il s'est fait bénir, comme son illustre mère, par tout ce qui souffrait ; sa mémoire est à jamais consacrée dans la commune de Saint-Bouise, dans l'arrondissement de Sancerre tout entier.

Dans sa famille, aussi, Charles avait appris de bonne heure à aimer son pays. Lors de la révolution de Juillet, il partit un des premiers de Paris pour Rambouillet, voulant concourir, avec le peuple, à étouffer sur-le-champ la guerre civile, et il se fit remarquer par son courage dans cette audacieuse expédition. Deux ans plus tard, en juin 1832, capitaine d'état-major de la garde nationale de Paris, le même courage, le même patriotisme le soutinrent dans les pénibles devoirs qu'il eut à remplir en combattant des Français rebelles. Un officier de la ligne, devenu son ami sur ce funeste champ de bataille, fut, en combattant sous ses ordres, blessé mortellement à ses côtés : le jeune commandant eut des secours et des larmes pour lui, sans que la sûreté de ses dispositions en souffrît. Il déploya, dans ces tristes journées, la rare alliance de la bravoure, du sang-froid et de l'humanité ; et les feuilles publiques rendirent alors hommage à sa noble conduite.

La mémoire du jeune officier d'état-major est chère à tous ses camarades ; elle est honorée aussi par ses illustres chefs, M. le maréchal Lobau et M. le général Jacqueminot qui, dans une lettre adressée à

Charles, avant son départ pour l'Italie, avait consigné l'expression du regret de le voir s'éloigner et de l'estime profonde qu'il avait conçue pour lui.

» Il venait d'être reçu avocat, au mois d'août dernier ; deux ans lui avaient suffi pour soutenir victorieusement sa thèse, et il se proposait d'acquérir à son retour, pour la consacrer plus tard au service de son pays, la science si utile et trop négligée des lois administratives. . . . . . Pauvre jeune homme ! les balles avaient épargné son noble cœur qui les affrontait au nom de son pays ; ce cœur devait cesser de battre sur une terre étrangère, au milieu d'un voyage entrepris pour la conquête d'une instruction nouvelle (1) ! »

Charles partit à la fin de l'été dernier, avec son digne ami M. Edouard Ternaux, qui lui a constamment donné, même après sa mort, les preuves d'un dévoûment vraiment fraternel. Ils visitèrent ensemble Venise (2), puis passèrent quelque tems à Rome, où Charles, à son départ, fut l'objet des regrets les

---

(1) Lettre de M. le comte de Montalivet.

(2) Il paraîtrait, d'après ce que m'a dit un de Messieurs les secrétaires de notre ambassade à Naples, que Charles aurait mangé à Venise des huîtres qui passent pour renfermer un principe vénéneux, et que, dès lors, se serait manifesté chez lui un dérangement d'estomac qui aurait duré jusqu'à sa mort.

plus honorables de la part de tous ceux qui l'avaient
connu. Ce témoignage, je l'ai recueilli de la bouche
de M. le comte et de madame la comtesse de Sainte-
Aulaire, si justes appréciateurs du vrai mérite : M. de
Sainte-Aulaire, vous vous le rappelez, représentait
alors la France à la Cour pontificale. C'est de chez
lui que Charles partit pour Naples. Ici, Messieurs,
je crois devoir reproduire littéralement les renseignemens que je dois à l'obligeance de M. Edouard Ternaux, et qui sont par eux-mêmes, avec la vie tout
entière de Charles, la seule réfutation que me pa-
raissent mériter les fables absurdes qui se sont répandues, je ne sais comment, dans quelques salons
de Paris, sur la fin si prématurée de notre excellent
confrère.

« Après trois mois de voyage, nous arrivâmes à
Naples dans le courant de novembre. C'est dans cette
ville, c'est peu de jours après notre arrivée, au moment même où, avant de visiter les environs de Naples, nous songions à partir pour la Calabre et pour
la Sicile, qu'il fut tout-à-coup saisi par cette maladie
fatale qui nous l'a enlevé. Les médecins ont cherché
à expliquer la cause de cette maladie ; bien que je
ne croie pas, pour ma part, à cette version, mon
devoir est de vous la transmettre. Nous avions fait une
excursion aux environs de Pouzzoles, sur les bords
du golfe de Baya : nous étions entrés dans des grottes
très-profondes d'où s'exhale une grande chaleur, et
au fond desquelles se trouvent des sources d'eau bouil-

lante; on les appelle les *Étuves de Néron.* Nous
fûmes saisis d'une transpiration très-forte, tant la
chaleur est suffocante et difficile à supporter; cependant, nous n'éprouvâmes aucun mal. Les médecins
de Naples pensent que cette transpiration, puis un
refroidissement postérieur, ont été les causes de sa
maladie. Je crois peu à cette explication; car, pendant les *quatre jours* qui suivirent cette promenade,
il n'éprouva aucun malaise (1). Ce n'est guères que

(1) M. Ed. Ternaux aurait pu rappeler ici un fait que
je tiens de M. Emmanuel de Grouchy, qui était alors secrétaire de l'ambassade française à Naples. Charles, le lendemain ou le surlendemain de sa promenade aux Thermes de Néron, en fit encore une à cheval, dans la campagne de Naples, avec MM. Ternaux et de Grouchy. Il
était fort gai ce jour-là, et rien ne faisait pressentir que sa
santé pût être altérée. Les trois cavaliers en rencontrèrent
un autre qui, ne s'apercevant pas que la gourmette de
son cheval était défaite, fut emporté au galop et lutta de
vitesse, malgré lui, avec M. Ternaux qui faisait semblant de vouloir le dépasser. Charles était resté paisiblement en arrière avec M. de Grouchy, et cet épisode de
la promenade le divertit beaucoup.

Toutefois, l'opinion des médecins de Naples sur la cause
au moins accidentelle de sa mort, me paraît digne de
quelque confiance; car on sait que souvent une maladie
n'éclate que plusieurs jours après que le germe en a été
contracté, et on m'a cité d'autres voyageurs français, qui,
après avoir imprudemment visité les Thermes de Néron,
et par suite de transpirations brusquement répercutées,
ont aussi succombé rapidement à des fièvres violentes.

cinq ou six jours après cette excursion qu'il commença à se plaindre. Cependant, il n'y avait dans son état rien de grave et d'alarmant, et nous pensâmes que c'était simplement une courbature causée par les fatigues du voyage. Mais bientôt la maladie s'aggrava; la fièvre, qui l'avait saisi le 14, devint cérébrale le 17, puis typhode et nerveuse. Il n'y eut plus de remède; et, malgré tous les secours de l'art, malgré tous les soins que nous lui prodiguions, il expira dans mes bras le 22 novembre, à huit heures et demie du soir.

» Dans les derniers jours, il avait peu souffert; il était dans une sorte de torpeur que déterminent souvent ces maladies-là. Aussi, ne se vit-il pas mourir entièrement; il n'eut jamais qu'un pressentiment vague et indécis de sa déplorable fin, et cette idée qui, dans ses insomnies, quelquefois, se présentait à lui sans l'effrayer, n'était que passagère et faisait bientôt place à d'autres pensées.

» Sa mort a encore augmenté en moi le profond sentiment d'estime qu'il m'avait inspiré de son vivant. Pas de plaintes, pas d'emportemens; du calme et de la sérénité toujours. La seule chose qu'il me demanda, ce fut de lui promettre de le ramener en France, et de ne pas laisser sa dépouille mortelle sur un sol étranger. Cette promesse, il l'a reçue à son lit de mort, et je me suis empressé de la remplir. J'ai ramené à cette famille si malheureuse ce dépôt précieux; j'ai rendu à notre terre de France le corps de ce courageux jeune homme qui lui était si attaché, si fidèle.

» Jamais on ne porta plus loin que Charles l'amour du pays, le culte de la famille. Sa mère! il l'adorait, il ne se passait pas de jours qu'il ne m'en parlât. Sur son lit de douleur, c'était à elle qu'il pensait constamment. Il ne songeait pas à lui; il ne songeait qu'à la douleur dont sa mère serait frappée en apprenant sa maladie, peut-être sa mort : c'était là son idée dominante.

» Il a été vivement, universellement regretté; car c'était un jeune homme de tête et de cœur; il avait en lui et les qualités de l'âme et les qualités de l'esprit. Interrogez qui vous voudrez; quiconque l'a connu, le louera. »

Cette conviction de l'amitié, Messieurs, a été déjà justifiée par bien des témoignages. Il en est un, surtout, que nous sommes heureux de pouvoir invoquer ici; car il émane d'un de nos plus spirituels écrivains qui est habituellement très-sobre d'éloges. M. Jules Janin, dans la préface de son dernier ouvrage (1), rappelle avec une cordialité pleine de charme ses souvenirs et liaisons de collége, et la fin prématurée du fils du général Guilleminot lui a inspiré ces touchantes paroles : « Il est mort, aussi jeune et aussi heureux que cet autre beau jeune

______

(1) Contes nouveaux, 1833. T. 1, p. 52.

homme, Charles de Montalivet, notre contempo-
rain aussi, qui vient de mourir là-bas, pleuré de
tous, lui, si bon, si aimable, si aimé! »

C'est le 28 décembre que les derniers devoirs ont
été rendus, en France, aux restes de ce jeune
homme *si bon, si aimable, si aimé*, que M. Edouard
Ternaux avait fait transporter de Naples au château
de Lagrange. « Jamais concours plus nombreux,
écrivit-on de Sancerre à cette époque, ne vint rendre un plus touchant hommage à tant d'espérances
déjà en partie réalisées, et sitôt détruites..... Toute
la population de la commune de Saint-Bouise s'était
réunie dans la modeste église du village; un grand
nombre d'habitans de Sancerre et des lieux environ-
nans s'y trouvaient aussi.... M. le Sous-préfet, les
autres fonctionnaires publics résidant à Sancerre,
et MM. les Maires des communes voisines s'étaient
joints à la population du Val-de-la-Loire. Enfin,
MM. les officiers des bataillons de Sancerre et
Saint-Satur, la garde nationale tout entière de Saint-
Bouise et Tauvenay, étaient venus honorer la mémoire de l'ancien capitaine d'état-major de la garde
nationale de Paris..... Le vénérable curé de Sancerre,
oubliant ses infirmités et son âge, priait près de la
dépouille de ce jeune homme dont la bienfaisance
modeste était déjà si populaire. MM. les Curés de
Pouilly, Ménétréol, Sully et Feux, et plusieurs des-
servans étaient venus avec empressement l'assister
dans l'accomplissement de ces soins religieux. Après

la cérémonie funèbre qui fut entendue par la foule dans le plus grand recueillement, après les dernières prières, MM. Meunier, sous-préfet de Sancerre, Berry procureur du Roi, et Gonssolin, substitut, s'approchèrent tour-à-tour des bords de la fosse, et exprimèrent par d'éloquentes paroles, ce que le silence recueilli de toute une population avait si éloquemment exprimé déjà. »

Ces trois discours, Messieurs, ont été publiés, le 5 janvier dernier, dans une de nos feuilles publiques les plus répandues (1), et sont un hommage bien plus digne que cette imparfaite esquisse, de la mémoire de celui dont la perte laisse un si grand vide au milieu de nous. Puissions-nous, aussi, un jour, mériter de tels regrets, en imitant les exemples si nobles et si touchans d'une si courte existence !

Discours de M. Meunier, sous-préfet de Sancerre, prononcé sur la tombe de M. Ch. de Montalivet.

MESSIEURS,

Celui que nous venons de déposer dans cette tombe et dont nous déplorons la fin prématurée, était na-

---

(2) Le *Journal des Débats.*

guère plein de jeunesse, de jours et d'avenir ; sa vie ne s'offrait pas seulement à lui sous des couleurs riantes, au milieu de toutes les séductions de la fortune et des honneurs ; elle semblait lui présenter tous les élémens d'un bonheur solide et durable. Il avait la plus tendre et la plus digne des mères : une sœur chérie se plaisait à répéter son nom, et son frère aîné lui traçait de beaux exemples, sans que le soin des affaires publiques ôtât rien à la vive tendresse qu'il lui avait vouée.

Le ciel n'avait pas borné là ses dons ; il lui avait fait le plus beau présent qu'il puisse faire à l'homme en le douant d'une intelligence élevée, en lui donnant une de ces âmes nobles dans lesquelles les sentimens généreux se pressent en foule.

Enfin il portait un de ces noms purs et glorieux que la France aime à redire, et il promettait d'en soutenir l'éclat par des talens élevés, dont il nourrissait le germe par l'amour des grandes choses, et par un courage intrépide, que déjà il avait eu le bonhenr de consacrer à la défense de l'ordre et des lois.

Voilà ce qu'il était, Messieurs , vous voyez aujourd'hui ce qu'il est; cette vive intelligence, cette âme ardente qui rêvait la gloire, et que la gloire attendait peut-être; tous ces dons précieux du ciel que sa malheureuse mère s'était plu à développer; ces vertus, ces aimables qualités dont elle était si fière : tout cela s'est évanoui en quelques instans sous le ciel brûlant de Naples. La mort a été si rapide, si cruelle, que sa victime n'a pas même eu le tems de regagner le sol de la France, et de venir rendre le dernier soupir dans les bras d'une mère adorée. Hélas! à peine a-t-on pu savoir que ce dernier soupir fût pour cette mère infortunée.

Comment la sagesse éternelle se plaît-elle ainsi à briser une vie de vingt-deux ans? Comment se plaît-elle ainsi à déchirer le cœur d'une mère? Ne le demandons pas, Messieurs, elle le fait parce qu'elle est la sagesse éternelle: elle le fait parce que cette terre n'est qu'un lieu de passage et d'épreuves pour l'humanité. Elle le fait aussi parce que nous avons besoin qu'elle nous rappelle sans cesse au sentiment de notre néant, à l'idée de l'avenir qui nous attend. Ses coups sont terribles: peu de jours se passent sans que nous perdions un être qui nous est cher: nous venons déposer le fils près de la tombe que nous avons creusée pour le père; nous plaçons le frère à côté du frère. Nos cœurs se déchirent sans cesse; mais lorsque ces coups de la Providence nous détachent de la vie, lorsqu'ils nous inspirent l'amour de la vertu, lorsqu'ils nous élèvent à l'idée de Dieu et d'une vie immortelle, le but de la Providence est rempli; les jours qui nous restent sont mieux employés; nous mourons dignes d'elle, et nous allons rejoindre ceux que nous avons perdus.

Discours de M. Berry, Procureur du Roi à Sancerre.

MESSIEURS,

Lorsque naguère une triste et pénible cérémonie nous réunissait pour confier à la terre les dépouilles mortelles de M. Simon de Montalivet, qu'une mort prématurée enleva à son pays, à sa famille, à ses nombreux amis, nous étions loin de penser que cette même terre se rouvrirait si tôt pour son plus jeune frère; et qu'un jeune homme, l'amour et l'espoir de sa famille, plein de force, de jeunesse et de santé, terminerait aussi prématurément la brillante carrière qui s'ouvrait devant lui.

Ceux qui ont connu M. Ch. de Montalivet, ceux qui, plus heureux, ont eu l'avantage de vivre dans son intimité, d'être honorés de son amitié, tous l'aimaient; et cette foule de citoyens de toutes les conditions qui se pressent autour de son cercueil, témoignent assez combien sa personne et son nom étaient chers à cette contrée. La nature si prodigue envers toute sa famille avait semblé se plaire à le former; elle l'avait doué de tous les avantages extérieurs qui attachent les yeux, et de toutes les vertus du cœur qui rendent un homme cher à ses semblables, et précieux à son pays. Bon fils, bon frère, bon citoyen, sa douceur et sa modestie naturelle faisaient ressortir encore les talens qu'une éducation aussi brillante que solide avait de bonne heure développés en lui. Tout annonçait qu'il était digne du nom qu'il portait , tout promettait qu'il l'illustrerait encore, son cœur généreux s'élançait vers le bien avec toute l'ardeur, tout l'enthousiasme de la jeunesse, et ses heureuses inspirations avaient depuis long-tems révélé un homme sur qui la France devait fonder de grandes espérances. Pourquoi faut-il que la mort l'ait si tôt ravi à ses amis, à sa famille, à sa mère qu'il ne devait plus revoir et dont il prononçait le nom en rendant le dernier soupir sur la terre étrangère? Sa mère..... Ah qu'elle est à plaindre ! Combien de fois son âme a déjà été brisée ! Combien cette terre que nous foulons doit lui rappeler de douloureux souvenirs.

Partageons sa douleur , mêlons nos larmes à celles de sa famille, et déposons ce dernier tribut sur la tombe de celui dont nous garderons long-tems la mémoire. Repose en paix , excellent jeune homme ; et que la terre te soit légère, à toi qui ne fis que du bien.

Discours de M. Gonssolin, substitut de M. le Procureur du Roi.

Messieurs,

Vous avez entendu les accens de douleur de l'affection, de l'amitié, de l'estime ; permettez à un homme jeune encore, que la fin prématurée d'un jeune homme distingué afflige profondément, d'ajouter quelques paroles et de laisser à son tour s'échapper une larme sur cette tombe qui se ferme.

Je n'ai pas connu M. Charles de Montalivet ; ce que je sais de lui, je l'ai appris de l'opinion publique ; je l'ai appris encore dans les épanchemens dignes et pleins d'intérêts d'une mère que tout le monde admire.

Vous le savez, Messieurs, le monde est sévère dans ses jugemens ; il se montre d'autant plus rigide que plus d'avantages se réunissent dans la personne qui est l'objet de son examen. M. Ch. de Montalivet, porteur d'un beau nom, riche, plein d'avenir, brillant d'intelligence et de beauté, car la beauté, lorsque l'intelligence l'accompagne, mérite aussi qu'on l'observe, M. Charles de Montalivet orné de tous ces avantages, ne pouvait être obscur à son entrée dans le monde. Il devait attirer l'attention de bonne heure, et l'attention s'est de bonne heure fixée sur lui. C'est alors que l'amour maternel dût se croire récompensé de ses soins habiles et tendres, et se flatter de voir se réaliser promptement les plus doux rêves. M. Charles de Montalivet éveilla partout des sentimens de sympathie, il sortit victorieux de toutes les épreuves de l'opinion : il sut satisfaire les esprits les plus difficiles. L'envie elle-même n'osa parler, elle croyait sans doute pouvoir attendre.

Il n'est pas un de vous, Messieurs, qui n'ait pensé que les plus belles destinées ne fussent réservées à ce noble jeune homme. Déjà nous pouvions le voir prendre une part active aux affaires publiques, appliquer à l'étude des faits une capacité rare, et en acquérant chaque jour des connaissances pratiques, multiplier les ressources d'un esprit naturellement fécond et pénétrant. Ainsi poussé par une ambition généreuse, il se préparait à la gravité des débats parlementaires, aux discussions animées et approfondies de la tribune nationale. Car c'était là, Messieurs, le théâtre où il devait inévitablement paraître un jour ; c'était là qu'il devait augmenter l'éclat d'un nom déjà si illustre et produire un défenseur éloquent de plus, des vrais principes de la monarchie constitutionnelle et des idées de liberté et d'ordre.

Un événement cruel est venu tout d'un coup détruire les doux rêves de sa famille, et inspirer partout des regrets profonds et unanimes. M. Ch. de Montalivet, âgé seulement de vingt-deux ans, s'est éteint sous le ciel de Naples ; il a succombé dans ce pays privilégié, où il semble que tous les maux s'oublient, que toutes les souffrances trouvent un terme. Il a succombé à peine entré dans une carrière qui se présentait à lui vaste et sûre.

Le voici devant vous, Messieurs, cet intéressant et malheureux jeune homme ! La mort a défiguré ses traits délicats et nobles, sa parole heureuse ne se fait plus entendre, sa belle âme s'est évanouie ! il n'est plus de ce monde qui avait pour lui tant d'affection et d'estime ! Vous venez d'assister à son introduction dans sa dernière demeure. Il n'est plus de ce monde ! Il est là qui repose auprès de son illustre père, auprès de ses frères qui, comme, lui donnaient les plus belles espérances, et, comme lui, ont été enlevés avant l'âge. Il n'est plus de ce monde, et son dernier soupir a été rempli d'amertume ! Il s'est éteint loin de sa famille chérie, loin de cette mère adorée qui avait déposé dans son âme le germe de toutes les vertus. Il n'a pu la voir avant de mourir, il n'a pu lui exprimer ce qu'il y avait dans son âme de reconnaissance et d'amour ; et cette mère désolée, dont le cœur profondément sensible a tant de fois été déchiré, n'a d'autre consolation que de savoir que la dernière pensée de son fils a été pour elle.

C'est ainsi, Messieurs, que la mort prend ses victimes dans toutes les conditions, à tous les âges ; elle efface indifféremment toutes les nuances que la naissance, les talens et la fortune multiplient dans l'ordre social. Elle brise sans pitié les liens les plus étroits. Heureux encore quand elle a laissé le tems à celui qu'elle entraîne de répandre au loin le parfum de son âme et de mériter de longs et tendres souvenirs. M. Charles de Montalivet laisse une mémoire à jamais chérie. Les regrets unanimes du pays, ceux plus vifs de ses nombreux amis, l'affliction profonde d'une famille cruellement réduite, et la douleur incalculable de la mère; voilà, Messieurs, les ornemens d'un marbre modeste qui doit couvrir ces jeunes dépouilles, ornemens tristes, mais qui pareront bien une tombe.

IMPRIMERIE DE LA CHAMBRE DES DÉPUTÉS :
RUE GIT-LE-COEUR, Nº. 8.